Anonym

Die Auswirkungen der Finanzkrise auf die Automobilindustrie

GRIN Verlag

Bibliografische Information der Deutschen Nationalbibliothek:

Die Deutsche Bibliothek verzeichnet diese Publikation in der Deutschen National-
bibliografie; detaillierte bibliografische Daten sind im Internet über http://dnb.d-
nb.de/ abrufbar.

Impressum:

Copyright © 2014 GRIN Verlag GmbH
Druck und Bindung: Books on Demand GmbH, Norderstedt Germany
ISBN: 978-3-656-84347-4

Dieses Buch bei GRIN:

http://www.grin.com/de/e-book/284318/die-auswirkungen-der-finanzkrise-auf-die-
automobilindustrie

GRIN - Your knowledge has value

Der GRIN Verlag publiziert seit 1998 wissenschaftliche Arbeiten von Studenten, Hochschullehrern und anderen Akademikern als eBook und gedrucktes Buch. Die Verlagswebsite www.grin.com ist die ideale Plattform zur Veröffentlichung von Hausarbeiten, Abschlussarbeiten, wissenschaftlichen Aufsätzen, Dissertationen und Fachbüchern.

Besuchen Sie uns im Internet:

http://www.grin.com/

http://www.facebook.com/grincom

http://www.twitter.com/grin_com

Die Auswirkung der Finanzkrise auf die Automobilindustrie

Inhaltsverzeichnis

Tabellenverzeichnis

Abbildungsverzeichnis

1   Einleitung

Die globale Finanzkrise hatte in ihrem Ausgangspunkt ganz andere Bezeichnungen, wie zum Beispiel die US-Immobilienkrise, US-Hypothekenkrise oder die US-Liquiditätskrise. Was mit einem Verfall der Immobilienpreise auf dem amerikanischen Markt begann, ist zu einem Flächenbrand geworden und hat dramatische Folgen weit außerhalb des Finanzsektors hinterlassen. Eine Entwicklung in dem Ausmaß hielten nur wenige für möglich. Selbst die renommiertesten Wirtschaftswissenschaftler haben einräumen müssen solche Ausmaße nicht vorhergeahnt zu haben.

Durch die Finanzkrise war der ganze Wirtschaftssektor vom Ein-Mann-Betrieb bis zur Großindustrie betroffen und die Regierungen weltweit haben mit bis zu dreistelligen Milliardenbeträgen schützend eingreifen müssen, um schlimmeres zu vermeiden. Selbst Banken wurden verstaatlicht, was früher undenkbar war.[1]

Weil die Automobilindustrie sehr stark von der Konjunkturlage abhängig ist, war sie mit am schlimmsten von plötzlichen Absatzeinbrüchen betroffen. Aus dem Grund und weil die Automobilbranche zu den wichtigsten Industrienzwiegen der Welt gehört, ist die genaue Untersuchung der Folgen der Finanzkrise auf die Automobilindustrie zum Gegenstand dieser Hausarbeit geworden. Doch vorab sollte geklärt werden wie ein nationales Problem solche fatale Auswirkungen auf die Weltwirtschaft haben kann.

Die USA hatte schon immer ihre wirtschaftliche Vormachtstellung zum großen Teil der eigenen Konsumfreude zu verdanken. Diese hat genug Kraft, um weltweiten Aufschwung einzuleiten. Die Chinesen wussten die daraus resultierenden Potenziale zu nutzen und versorgten einerseits den amerikanischen Markt mit Gütern, was das Land zur „Fabrik der Welt" machte, andererseits finanzierte es den Konsum durch Wiederanlage der erwirtschafteten Gelder in den USA. Auf ähnliche Weise profitierte auch Deutschland von der amerikanischen Ausgabebereitschaft, indem es den Aufschwung mit Maschinen und Investitionsgütern versorgte. Die damit verbundene Rohstoffnachfrage hat in den Erdölländern und Russland zu ungeheuren Reichtümern geführt.

Dies ist nur ein kleines, vereinfachtes Beispiel für die verzweigten Weltwirtschaftsbeziehungen in der Welt und macht deutlich, dass die Relevanz der wirtschaftlichen Lage eines Landes nicht vor den Landesgrenzen halt macht. Wenn

---

[1] vgl.: http://www.bundestag.de/dasparlament/2009/20/Beilage/000.html, 27.01.2011

4

ein Land also genug Einfluss und stärke hat, um einen Aufschwung einleiten zu können, erklärt es sich von alleine, dass es auch in die umgekehrte Richtung möglich ist.[2]

2 Entstehung der Finanzkrise in groben Zügen

Die Krise nahm auf dem amerikanischen Hypotheken- und Immobilienmarkt ihren Lauf, als die riesige „Spekulationsblase" plötzlich platzte. Doch was war eigentlich genau geschehen?

Die Jahre lange Niedrigzinspolitik der US-Notenbank FED schuf ein Überangebot an billigem Geld. Das ermöglichte den amerikanischen Banken Kredite für den Hausbau auch an Kleinstverdiener mit geringer Bonität zu gewähren. Das Risiko seitens der Banken wurde als gering eingeschätzt, weil die Banken mit Wertsteigerungen der Häuser gerechnet hatten. Völlig außer Acht ließen sie jedoch die Tatsache, dass in den USA die Zinsen nur für kurze Zeit festgeschrieben sind. Plötzliche Zinssteigerungen würden dementsprechend zu Zahlungsunfähigkeit vieler Schuldner führen.

Um das Risiko an Immobilienkrediten zu reduzieren, wurden diese zu Wertpapieren gebündelt und die Anteile daran verkauft. Die hohe Rendite und gute Bewertungen der Wertpapiere durch Rating-Agenturen schufen eine massive Nachfrage in Europa. Zu den Abnehmern zählten Banken, Versicherungen oder Investmentfonds.

Im Jahr 2004 machte sich die US-Notenbank sorgen um die erhöhten Inflationsraten und lies deswegen ab Juni 2004 den Leitzins ständig steigen. Das führte dazu, dass die Zinsen für die Immobilienkredite mit anstiegen. Viele amerikanische Häuslebauer konnten diese gestiegene Zinslast nicht tragen und mussten aus ihren Häusern raus. Besonders tragisch hat es diejenigen getroffen, die an den Wertezuwachs ihrer Häuser glaubten und den Mehrwert für Konsumzwecke verpfändet hatten. Denn genau das Gegenteil war der Fall. Die zunehmenden Versteigerungen an Eigenheimen führten zu einem Überangebot auf dem amerikanischen Immobilienmarkt, was den Markt völlig einbrechen ließ.

Die Zahl der notleidenden Kredite stieg im Jahr 2007 enorm an. Experten prognostizierten zu dieser Zeit, dass US-Eigenheimdarlehen in einem Gesamtwert von 850 Mrd. US-Dollar in Schieflage geraten könnten.[3]

---

[2] vgl.: http://www.bundestag.de/dasparlament/2009/20/Beilage/001.html, 27.01.2011

Hohe Abschreibungsbeträge fielen bei Banken, Versicherer und Investmentfonds an. Eine große Zahl der Baufinanzierer ging pleite. Endgültig in Europa angekommen war die Krise mit dem Zusammenbruch der britischen Großbank Northern Rock. Es erwischte eine ganze Reihe der großen. Ein Beispiel dafür ist die Insolvenz der Lehman Brothers, die am 15.09.2008 nach US-Amerikanischen Recht angemeldet wurde.[4] Die Pleiten führten zu einem Vertrauensverlust unter den Geschäftsbanken. Kredite wurden gar nicht, oder nur zu überhöhten Zinsen gewährt. Die Notenbanken waren gezwungen Milliardensummen in den Markt zu pumpen, um den Geldkreislauf am Leben zu erhalten.

Selbst gesunde Banken gerieten in Herbst 2008 durch den Werteverlust an den Börsen in akute Finanznot. Die internationalen Börsen brachen komplett ein. Allein der Leitindex Dax, in dem Konzerne wie Daimler, Siemens und Allianz versammelt sind, fiel am 24.10.2008 um bis zu elf Prozent auf den tiefsten Stand seit 2005.[5] Spätestens zu diesem Zeitpunkt war klar: die Finanzkrise hat die Realwirtschaft stark getroffen. Ein Unternehmen nach dem anderen verkündete Gewinneinbrüche. Die aus dem geringen Vertrauen unter den Geschäftsbanken resultierende Kreditklemme brachte besonders den Mittelstand in Schwierigkeiten. Überall auf der Welt fingen die Regierungen an Rettungspakete zu schnüren. Die USA stellte nach heftigen Debatten 700 Milliarden US-Dollar bereit, um faule Kredite aufzukaufen. Deutschland stärkte die eigene Wirtschaft durch 2 Konjunkturprogramme.[6] und die Briten fingen an die nationalen Banken zu verstaatlichen.[7]

3 Bedeutung der Automobilindustrie für Deutschland

Dieses Kapitel zeigt die Bedeutung der Automobilindustrie für die deutsche Wirtschaft auf und somit die Signifikanz dieser Industriesparte für den Wohlstand in der Bundesrepublik Deutschland. Dabei wurden Daten aus dem Jahr 2007 verwendet, um die Wichtigkeit vor dem Einbruch aufzuzeigen.

Die Daseinsberechtigung des Automobils ist unstreitig. Der PKW bildet die Säule des individuellen Personenverkehrs und der LKW stellt die Güterversorgung sicher.[8]

---

[3] vgl.: http://www.welt.de/welt_print/article1383987/Immobilienkredite_in_Schieflage.html, 24.11.2010
[4] vgl.: http://www.faz.net/s/Rub4B891837ECD14082816D9E088A2D7CB4/..., 24.11.2010
[5] vgl.: http://www.focus.de/finanzen/boerse/finanzkrise/finanzkrise-hat-die-boerse-recht..., 24.11.2010
[6] vgl.: http://www.bundesfinanzministerium.de/nn_84204/DE/BMF__Startseite/Aktuelles/..., 24.11.2010
[7] vgl.: http://www.spiegel.de/fotostrecke/fotostrecke-36029.html, 24.11.2010
[8] vgl.: http://www.daimler.com/Projects/c2c/channel/documents/1688163_daimler_sust..., 30.11.2010

Doch das Entscheidende ist der ökonomische Aspekt. In Deutschland ist jeder siebte Arbeitsplatz auf die Automobilindustrie zurückzuführen. Das macht ca. 750.000 Arbeitsplätze, wobei um die 390.000 Arbeitskräfte direkt an der Herstellung beteiligt sind und gut 360.000 Arbeitnehmerinnen und Arbeitnehmer, in Form von Zulieferbetrieben, der größten Industrie des Landes zu Arbeiten. Zu dieser enorm großen Zahl, kommen noch unzählige Arbeitsplätze im Bereich der Automobilhändler, Werkstätten und Tankstellen. [9] Der Umsatz der deutschen Automobilindustrie belief sich im Jahr 2007 auf 250 Milliarden Euro, das machte ca. ein Fünftel der gesamten deutschen Industrie aus.

Den Titel „Export-Weltmeister" verdankte Deutschland im Jahr 2007 zu einem großen Teil dem Automobil. Das „made in Germany" ist beim Automobil ein genau so starkes Verkaufsargument wie bei jedem anderen in Deutschland produzierten Gut. Die deutschen Autos werden in erster Linie aufgrund der hohen Qualität und Exklusivität im Ausland geschätzt. Dem entsprechend belief sich der Wert der exportierten Autos und Fahrzeugteile im Jahr 2006 auf 170 Milliarden Euro. Das sind 20% der Gesamtexporte aus der BRD.

An diesen Zahlen wird deutlich, dass die deutsche Automobilindustrie es verstanden hat die Globalisierung für sich zu nutzen. Doch genau hier liegt auch die Gefahr. Die deutsche Automobilindustrie ist sehr stark von der Ausländischen Nachfrage abhängig. Zu den größten Absatzmärkten gehören die USA und Großbritannien. Die Osteuropäischen Nachbarstaaten haben die höchsten Wachstumsraten. Sobald die Ausländische Kaufkraft sinkt, geraten die heimischen Automobilproduzenten unter Druck, denn der deutsche Absatzmarkt ist einfach nicht in der Lage ausländische Nachfragerückgänge aufzufangen. Das liegt daran, dass der deutsche Automarkt im weltweiten Vergleich nur den vierten Platz hinter den USA, Japan und China belegt. Demnächst wird es wahrscheinlich sogar noch ein Platz tiefer gehen, da Indien bereits zum Überholen ausgeschärt hat.[10]

---

[9] vgl.: http://www.bundesregierung.de/Content/DE/Magazine/emags/economy/051/..., 30.11.2010
[10] vgl.: http://www.welt.de/wirtschaft/article1034916/Auto_Nation_Deutschland_verliert..., 30.11.2010

4 Darstellung der Folgen für die Automobilindustrie

4.1 Absatzrückgänge

Eigentlich fing das Jahr 2008 für die Automobilhersteller vielversprechend an. Doch Mitte des Jahres kamen die Auswirkungen der Finanzkrise zur Geltung.

Die Finanzkrise hat die Automobilindustrie sehr stark getroffen. Vor allem die verunsicherten Haushalte haben ihre Neuwagenpläne in die Zukunft verschoben. Das merkten die Hersteller sehr deutlich. Wegen den weltweiten Absatzrückgängen waren sie gezwungen ihre Produktion zurückzufahren oder die Werksferien zu verlängern.[11] Der europäische Markt brach im Oktober 2008 um 14,5% ein. Das war bis dahin der sechste monatliche Rückgang in Folge. Irland und Spanien hatten dabei mit 54,6% und 40% die größten Absatzrückgänge zu verkraften.[12] Die Lösung in Europa hieß "Abwrackprämie". In mehr als zehn EU-Staaten wurde die Prämie eingeführt und sie zeigte ihre Wirkung. Zum ersten Mal nach 14 monatiger Talfahrt gab es positive Zahlen. Der Absatz stieg im Juni 2009 im Vergleich zum Vorjahresmonat um 2,4%.[13] Davon profitierten jedoch nicht alle. Von Januar bis Juli 2009 erlitten die Premiumhersteller Daimler und BMW mit einem Minus von 18,1% und 18,6% weltweit zweistellige Absatzrückgänge. Die einzige positive Nachricht für die zwei Konzerne war, dass sich der Rückgang verlangsamt hatte.[14]

Der Automobilmarkt in USA sah noch schlechter aus. Zu den verheerenden Folgen der Finanzkrise kamen auch noch selbstgemachte Probleme dazu. Die Amerikaner haben zum Beispiel den Trend zum verbrauchsparenden Kleinwagen komplett verschlafen. Im Jahr 2008 ging die Zahl der abgesetzten Autos um 2,7 Millionen zum Vorjahr zurück.[15] Chrysler verlor 30% des Absatzes im Vergleich zu 2007, GM 23%, bei Ford waren es um die 20% und Toyota büßte 16% ein. Die deutschen hatten auch auf dem amerikanischen Markt zu knabbern. Der Münchner Autobauer BMW hatte in dem Jahr 9,7% einstecken müssen, Volkswagen verzeichnete −3,2% und Audi -6,1%. Obwohl Mercedes-Benz 11,2% verlor, schnitt der Daimler-Konzern, zu dem Mercedes gehört, mit einem Rückgang auf 1,5 Prozent am besten ab.

---

[11] vgl.: http://www.wiwo.de/unternehmen-maerkte/autoindustrie-von-finanzkrise-hart..., 04.12.2010
[12] vgl.: http://www.faz.net/IN/INtemplates/faznet/default.asp?tpl=common/..., 04.12.2010
[13] vgl.: http://www.faz.net/IN/INtemplates/faznet/default.asp?tpl=common/..., 05.12.2010
[14] vgl.: http://www.manager-magazin.de/unternehmen/artikel/0,2828,641118,00.html, 05.12.2010
[15] vgl.: http://www.welt.de/wirtschaft/article3035548/Autoabsatz-in-den-USA-stuerzt-auf..., 05.12.2010

Die Rettung für den Konzern war die Einführung des verbrauchsarmen Kleinwagen Smart der scheinbar die neuen ökologischen Bedürfnisse der Amerikaner erfüllte.[16]

4.2 Folgen für die drei Großen (VW, GM, Toyota)

Volkswagen, der größte Automobilproduzent Europas, musste seine Produktion zurückfahren. Den Ernst der Lage machte der VW-Vorstandsvorsitzende Martin Winterkorn mit seiner Aussage deutlich: „Manche Entscheidung wird weh tun." Aber: „Wir kommen um harte Einschnitte nicht herum!" Es musste überall eingespart werden. Genaue Prüfungen der notwendigen Investitionen waren in Zeiten steigender Kosten und wegbrechenden Erträgen unverzichtbar. Durchgeführt wurden nur die Investitionen die sich ausschließlich auf die wesentlichen Fahrzeugprojekte bezogen. Andere Investitionen wie zum Beispiel Struktur- oder Kapazitätsinvestitionen wurden in die Zukunft verlegt. Volkswagen hatte sich jedoch zum Ziel genommen die Einschnitte ohne Abbau der Stammbelegschaft durchzuführen. Dafür waren es die Leiharbeiter, die unter den Sparmaßnahmen gelitten hatten. Die Rede ist von einem Großteil der 25.000 Leiharbeitskräfte.[17]

Den Hauptfaktor für den vermiedenen Abbau der Stammbelegschaft lieferte die Bundes Regierung mit der Verlängerung der Kurzarbeit. Volkswagen machte davon Gebrauch und beantragte diese im Jahr 2009 für den Monat Februar. Betroffen waren rund zwei Drittel der Bundesweit 92.000 Mitarbeiter.[18] Im Vergleich zu seinen Mitkonkurrenten hat es VW jedoch gar nicht so schlimm getroffen. Der Konzern profitierte so stark von der Abwrackprämie, dass die Bundesagentur für Arbeit die Notwendigkeit der beantragten Kurzarbeit nochmal genau unter die Lupe nahm.

Das Jahr 2008 wurde sogar gegen den Branchentrend mit einem Absatzzuwachs von 0,6 % beendet. Dafür verantwortlich waren aber die ersten Quartale des Jahres vor den Auswirkungen der Finanzmarktkrise. Im weiteren Jahresverlauf nahm das Wachstum enorm ab.[19]

Sogar den deutschen Aktien Index hatte VW mit seiner Aktie vor dem Absturz unter die 4000 Punktemarke gerettet. Während die Aktienkurse der anderen im DAX gelisteten Unternehmen im Mai 2009 einbrachen, stieg die VW-Aktie um 90% auf zeitweise 410,- € was dem DAX über 250 Punkte einbrachte.

---

[16] vgl.: http://www.focus.de/finanzen/boerse/finanzkrise/absatzzahlen-horrorjahr-fuer..., 07.12.2010
[17] vgl.: http://www.faz.net/IN/INtemplates/faznet/default.asp?tpl=common/..., 07.12.2010
[18] vgl.: http://www.spiegel.de/wirtschaft/0,1518,602432,00.html, 09.12.2010
[19] vgl.: http://www.spiegel.de/wirtschaft/0,1518,610143,00.html, 09.12.2010

Der enorme Kursgewinn war aber nur von kurzer Dauer und nicht einer guten Marktlage, sondern den Übernahmeversuchen seitens Porsches geschuldet.[20]

Der amerikanische Automobilriese General Motors war durch die Finanzkrise noch stärker betroffen. Er musste um das nackte Überleben ringen und die an sich gesunde deutsche Tochter Opel drohte mit in den Abgrund gerissen zu werden.

Die Zahlen waren so rot, dass es zur Insolvenz des einst größten Automobilkonzerns kam. Am 1. Juni 2009 hatte GM Gläubigerschutz beantragt. Die Vermögenssituation war erschreckend. Zum Ende März verfügte der Konzern über 83 Milliarden Dollar an Vermögenswerten. Demgegenüber standen 173 Milliarden Verbindlichkeiten. Somit war es die drittgrößte Insolvenz in der Geschichte der US-Wirtschaft. Nach 40 Tagen war dann alles vorbei. Die Pleite war abgewehrt worden, weil der Staat sich tatkräftig eingemischt hatte. Über 50 Milliarden Dollar an Steuergeldern flossen in das Unternehmen. Im Gegenzug wurde eine neue Gesellschaft gegründet, die überwiegend in Staatshand überging.

Um die Krise zu überstehen, sollte der Konzern schlanker werden. Die Marken Saab, Hummer und Saturn gehörten nicht mehr dazu.[21] Die deutsche Tochter Opel sollte zu diesem Zeitpunkt ebenfalls abgestoßen werden. Nach monatelangen Verhandlungen über den Verkauf von Opel, an denen sich die deutsche Kanzlerin Angela Merkel sehr engagiert beteiligt hatte, hieß es in November 2009 aus Detroit plötzlich, dass Opel nun doch nicht verkauft werden soll. Offizielle Begründung für die Entscheidung war die verbesserte Marktlage in Europa und die strategische Bedeutung der Marke Opel. Wahrscheinlicher war jedoch die Absicht den unkontrollierten Technologietransfer nach Russland verhindern zu wollen, denn der Autozulieferer Magna, an dem der russischer Partner Sberbank beteiligt ist, hatte die besten Chancen den Zuschlag für den Kauf zu bekommen.[22]

Im November 2010 geschah dann etwas, was wohl nur in den USA möglich ist. Der Pleitekonzern General Motors ging erneut an die Börse und brach damit alle Rekorde. Das Volumen des Börsengangs betrug 23,1 Milliarden Dollar. Noch nie zuvor war es einem Unternehmen möglich so ein hohes Volumen zu erreichen.

---

[20] vgl.: http://www.zeit.de/online/2008/44/boersen-talfahrt, 15.12.2010
[21] vgl.: http://www.welt.de/wirtschaft/article4096853/General-Motors-ist-nun..., 15.12.2010
[22] vgl.: http://www.faz.net/IN/INtemplates/faznet/default.asp?tpl=common/..., 15.12.2010

Somit brachte der glorreiche Börsengang den Konzern wieder in private Hände und scheinbar wieder auf die erfolgsspur.[23] [24]

Toyota, der größte Automobilproduzent der Welt hat auch einstecken müssen. Im Geschäftsjahr April 2008 bis März 2009 schraubte Toyota seine Produktion um 18,2% gegenüber dem Vorjahreszeitraum zurück.[25]

Durch die Finanzkrise verzeichnete der Konzern zum ersten Mal in seiner 70-jährigen Firmengeschichte einen operativen Verlust. Gründe dafür waren vor allem die eingebrochenen Märkte in Europa und USA. Doch die Lage war nicht mit der von General Motors vergleichbar. Die letzten Jahre des stätigen Wachstums machten das Unternehmen so gesund, dass die Krise ohne Existenzängste gemeistert werden konnte.[26]

Ganz ohne staatliche Hilfe ging es bei Toyota aber auch nicht. Die Finanzsparte Toyota-Bank hatte um Finanzmittel bitten müssen, weil die steigenden Kreditkosten in den Vereinigten Staaten sich zu einer starken Belastung entwickelten.[27]

5   Maßnahmen aus der Krise

Die Finanzkrise war in der Automobilbranche angekommen und keiner war darauf richtig vorbereitet. Überall wurden immer weniger Autos abgesetzt, was Konsequenzen für die Lieferanten, Hersteller, Händler und Arbeitnehmer nach sich zog, auf die keiner gefasst war. Zur Überwindung der Krise mussten Maßnahmen geschaffen werden wobei sich auf zwei Bereiche konzentriert wurde. Zu einem die Politischen Hilfsmaßnahmen des Staates und zum anderen die Maßnahmen der Autohersteller.

5.1   Politische Hilfsmaßnahmen

Um die Krise zu bewältigen, mussten Politische Maßnahmen gezielt eingesetzt werden. Die wichtigsten davon waren die Verlängerung der Kurzarbeit und die Abwrackprämie.

---

[23] vgl.: http://www.stern.de/wirtschaft/news/boersengang-general-motors-feiert..., 16.12.2010
[24] vgl.: http://newsticker.sueddeutsche.de/list/id/1075404, 16.12.2010
[25] vgl.: http://www.focus.de/auto/news/pkw-erster-produktionsrueckgang-seit..., 17.12.2010
[26] vgl.: http://www.welt.de/wirtschaft/article3702170/Toyotas-Erfolgsgeschichte..., 17.12.2010
[27] vgl.: http://www.focus.de/finanzen/boerse/finanzkrise/autokrise-toyota..., 17.12.2010

5.1.1 Kurzarbeit statt Entlassungen

Während der Finanzkrise verschlechterte sich die vorübergehende Auftragslage vieler Unternehmen.[28]

Um Entlassungen zu vermeiden, wurde die Kurzarbeit stets attraktiver. Mit dem Konjunkturpaket II wollte die Bundesregierung in der Zeit der Kurzarbeit, die Sozialbeiträge der Beschäftigen die sich während der Kurzarbeit in einer Fortbildung oder Qualifizierung befanden vollständig übernehmen. Die Qualifizierungsmaßnahmen minimieren das Risiko langfristig arbeitslos zu werden. Weiterhin wollte die Bundesagentur für Arbeit die Hälfte der Sozialversicherungsbeiträge 2009 und 2010 übernehmen.[29] Dadurch wurde das Budget der Bundesagentur für Arbeit weniger belastet als durch Arbeitslosigkeit.[30]

Zusätzlich wurde die Antragstellung für die Zugangsbedingungen weiter vereinfacht, außerdem konnte das Kurzarbeitergeld bis zu 18 Monate lang ausbezahlt werden. Folglich wurde dem Unternehmen die Möglichkeit gegeben durch Kurzarbeit,

ihre eingearbeiteten Mitarbeiter fest zu halten und deren Know-how zu bewahren, um für den Fall steigender Auftragslage wieder voll wettbewerbsfähig zu sein.[31]

Mit diesen Maßnahmen versuchte die Bundesregierung eine Brücke zum nächsten Aufschwung zu schaffen. Dadurch konnten die Arbeitgeber die Finanzkrise, ohne Arbeitnehmer entlassen zu müssen, überstehen.[32]

Die Automobilindustrie hatte dankbar auf dieses Instrument zurückgegriffen. Insgesamt gingen in Deutschland 170.000 Beschäftigte in die Kurzarbeit. Volkswagen schickte zum Beispiel rund 61.000, Daimler 50.000 und BMW 26.000 Beschäftigte in die Kurzarbeit.[33]

---

[28] vgl.: http://www.bundesfinanzministerium.de/DE/BMF___Startseite/Aktuelles/..., 23.11.2010
[29] vgl.: http://www.bundesregierung.de/nn_774/Content/DE/Artikel/..., 23.11.2010
[30] vgl.: http://www.bundesregierung.de/nn_774/Content/DE/Artikel/..., 23.11.2010
[31] vgl.: http://www.bundesregierung.de/nn_774/Content/DE/Artikel/..., 23.11.2010
[32] vgl.: http://tvo.de/default.aspx?ID=1059&showNews=631597&showArchiv..., 25.10.2010
[33] vgl.: http://www.focus.de/finanzen/news/auto-kurzarbeit-und-ferien-autobranche..., 26.10.2010

Abbildung 1: Diagramm zur konjunkturbedingten Kurzarbeit[34]

Wie der Abbildung 1 entnommen werden kann, ist die Nachfrage nach konjunktureller Kurzarbeit in den Monaten Oktober 2008 bis Januar 2009 sehr stark gestiegen. In diesem Betrachtungszeitraum wurden 775.000 Anträge gestellt. betroffen waren besonders die Automobilindustrie, die metallverarbeitende Industrie, der Maschinenbau sowie die Kunststoffbranche.[35]

5.1.2 Abwrackprämie

Um die Automobilindustrie zu stützen wurde in vielen Ländern die sogenannte Abwrackprämie, auch die Umweltprämie oder Verschrottungsprämie genannt, eingeführt. In Deutschland wurde sie am 14. Januar 2009 im Rahmen des zweiten Konjunkturpaketes beschlossen.

Im Folgenden beziehen sich die Daten auf die Deutsche Regelung. Die Voraussetzungen für den Anspruch auf die staatliche Prämie in anderen Ländern, sind überwiegend Analog.

Die Abwrackprämie galt für den Kauf eines Neu- bzw. Jahreswagen mit einem Kaufvertrag ab dem 14. Januar 2009 bis am 31. Dezember 2009. Sofern ein entsprechender Verwertungsnachweis des alten Fahrzeugs vorlag.

---

[34] vgl.
http://www.bundesregierung.de/Content/DE/Magazine/MagazinSozialesFamilieBildung/079/medien/gr afik-s-b.html, 07.09.2009
[35] vgl.: http://www.bundesregierung.de/nn_774/Content/DE/Artikel/..., 23.10.2010

Die Abwrackprämie betrug in Deutschland 2500 Euro und musste als staatlicher Vorteil nicht versteuert werden.[36] Die Beträge in anderen Ländern können der folgenden Tabelle entnommen werden.

Frankreich	1.000 EUR + 700 EUR falls unter 120g/CO2
England	2.000 Pfund (2.352 EUR)
Spanien	2.000 EUR
Italien	bis zu 5.000 EUR
Österreich	1.500 EUR
USA	„Cash for Clunkers" bis 4.500 $ (3.173 EUR)
Quelle Universität Duisburg-Essen	

Tabelle 1: Abwrackprämien in wichtigen Märkten.[37]

An den Bezug der Abwrackprämie in Höhe von 2500 Euro waren folgende Voraussetzungen gebunden. Der Kauf eines Neu- bzw. Jahreswagen, musste von einem in Deutschland niedergelassenem Händler und Hersteller erfolgen. Zudem sollte das neue Fahrzeug mindestens die Abgasnorm Euro 4 besitzen.

Um ein Verwertungsnachweis zu erhalten musste das alte Fahrzeug bei einem anerkannten Autorecycling - Handelsgesellschaft verschrottet werden. Dabei sollte das Fahrzeug ein Jahr auf den Halter zugelassen sein und mindestens 9 Jahre alt sein. Ein weiterer wichtiger Punkt war, dass der Halter des verschrotteten Altfahrzeuges sowie des neu erworbenen Autos identisch sein mussten. Ohne einen Verwertungsnachweis nach §15 der Fahrzeug- Zulassungsverordnung konnte die Abwrackprämie nicht beantragt werden.

Eine reine Stilllegung des alten Fahrzeuges reichte nicht aus. Damit sollte die Automobilindustrie sowie der Umweltschutz gefördert werden. Daher war ein Privatkauf nicht berechtigt die staatliche Prämie zu kassieren.[38]

Durch den erfolgreichen Start der Abwrackprämie reichten die eingeplanten 1,5 Milliarden nicht aus, sodass nach der Aufstockung das Gesamtvolumen 5 Milliarden Euro betrug. Dadurch blieb vielen Menschen, die sich in den ersten Monaten zu spät

---

[36] vgl.: http://www.abwrackpraemie-verschrottungspraemie.de/abwrackpraemie..., 28.10.2010
[37] vgl.: http://www.struktur-management-partner.com/downloads/de/Automobilindustrie..., 28.10.2010
[38] vgl.: http://www.abwrackpraemie-verschrottungspraemie.de/voraussetzungen-zur..., 29.11.2010

für die Umweltprämie entschieden haben, noch Zeit das Angebot wahrzunehmen. Experten gingen allerdings davon aus, dass das Budget schon drei Monate vor Jahresende knapp werden würde und deshalb nicht lange gezögert werden durfte, um die Prämie noch zu erhalten.[39]

Die Abwrackprämie war nicht nur im Bezug auf die Inanspruchnahme ein voller Erfolg. Sie rettete auch den Gewerkschaftsangaben zufolge ca. 200.000 Jobs.[40]

5.1.2.1   Auswirkungen auf andere Branchen (z.B. Werkstätten)

Die Abwrackprämie brachte viel Geld in die Kassen mancher Automobilhersteller doch Branchen wie freie Werkstätten und Gebrauchtwagenhändler riss sie in den Abgrund. Viele mussten auf dem Markt, aufgrund wegbleibender Kunden, um Ihre Existenz kämpfen.[41]

Angesicht der Abwrackprämie in Höhe von 2.500 Euro, Herstellerprämien und Rabatten entschieden sich viele Bürger für den Kauf eines Neu- bzw. Jahreswagen statt eines Gebrauchtwagen. Durch die Verschrottung von Altfahrzeugen stiegen die Preise der Gebrauchtfahrzeuge so stark an, dass der Preis für einen Gebrauchtwagen den eines subventionierten Neu- oder Jahreswagen annahm.[42]

Während die Gebrauchtwagenhändler unter der Verschrottung guter Fahrzeuge mit sehr hohen Wiederverkaufschancen litten, waren es für die freien Werkstätten die Neuwagenkäufer, die für die abnehmenden Umsätze sorgten. Außerdem hieß es in der Regel für viele Konsumenten beim Erwerb eines Neu- oder Jahresfahrzeugs die Bindung an Vertragswerkstätten um die Garantiebedingungen der Hersteller für die ersten Jahre zu erfüllen und damit war keine freie Auswahl der Werkstätten mehr möglich.

Weiterhin wurden viele Reparaturbedürftige Fahrzeuge verschrottet, die nur kleine Reparaturen nötig hatten um wieder Verkehrstauglich zu sein. Damit verloren freie Werkstätten den ein oder anderen „Dauerkunden".[43]

---

[39] vgl.: http://www.abwrackpraemie-verschrottungspraemie.de/abwrackpraemie..., 29.11.2010
[40] vgl.: http://www.netzeitung.de/arbeitundberuf/1350239.html, 29.11.2010
[41] vgl.: http://www.focus.de/auto/neuheiten/abwrackpraemie/abwrackpraemie..., 03.12.2010
[42] vgl.: http://community.zeit.de/user/wolfgang63/beitrag/2009/05/02/abwrackprämie..., 03.12.2010
[43] vgl.: http://www.focus.de/auto/neuheiten/abwrackpraemie/abwrackpraemie..., 03.12.2010

5.1.2.2   Jahr 1 nach der Abwrackprämie

Ein neues Absatzjahr hatte für die Autohersteller angefangen und der Fördertopf durch die Abwrackprämie war nun leer. Die Abwrackprämie hatte den Autohändler satte Umsatzzuwächse beschert. Mehr als 1,7 Millionen Bürger in Deutschland ergriffen die Chance und sicherten sich die Prämie in Höhe von 2500 Euro und verschrotteten ihr altes Auto um in den Genuss eines Neuwagens zu kommen.

Fabrikate, die Aufgrund der vorgezogenen Käufe, überdurchschnittlich von der Abwrackprämie profitierten, erlitten nun nach Ende der Abwrackprämie einen starken Umsatzrückgang (Veränderung des Verkaufs im Inland Januar-Juni 2009 zu Januar-Juni 2010 in %: Skoda -35,9, Toyota -54,9, Hyndai -35,5, VW -22,0, Fiat -57,6 (siehe Abbildung 2)). Folge dessen kam nun auch für viele Hersteller, sowie Lieferanten der Einbruch. Autohäuser mussten nun mit großen Rabattschlachten für den Verkauf ihrer Fahrzeuge werben. Vor allem der Kleinwagensegment, der zu den großen Gewinner der Abwrackprämie zählte (Veränderung Januar-Dezember 2008 zu Januar-Dezember 2009 in %: Skoda +57,3 Toyota +43,1 Hyndai +76,7 VW +30,9 Fiat +86,1 (siehe Abbildung 2)).

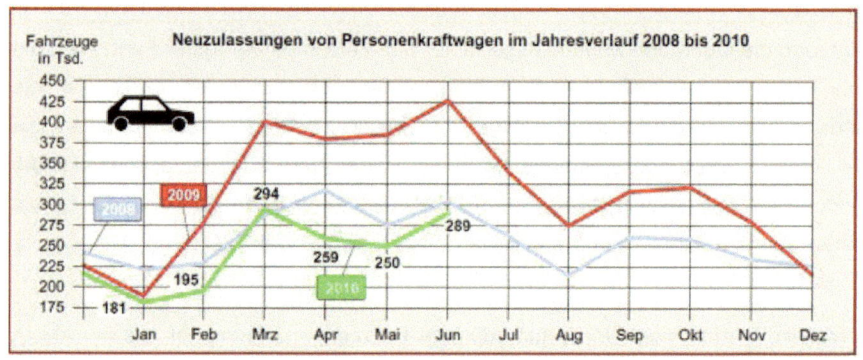

Abbildung 2: Neuzulassungen von Pkw im Jahresverlauf 2008 bis 2010[44]

Die blaue Linie zeigt den Absatzverlauf vor Einführung der Abwrackprämie, die rote Linie während und die grüne nach Beendigung der Staatlichen Förderung.

---

[44] vgl.: http://www.automobil-produktion.de/2010/07/kba-pkw-neuzulassungen-minus..., 05.12.2010

Im ersten Halbjahr 2010 sanken die Pkw-Neuzulassungszahlen gegenüber Vorjahresmonat um 28,7 Prozent auf 1,47 Millionen Wagen. Allein im Juni betrug der Rückgang mit 289.000 Pkw-Einheiten über 32 Prozent. Im Vergleich zu 2008 betrug das Minus bei den Pkw-Neuzulassungen in Deutschland im ersten Halbjahr 10,1 Prozent.[45]

5.1.2.3 Die Vor- und Nachteile der Abwrackprämie

Die Förderung der Automobilindustrie mit der Abwrackprämie brachte vielen Vor- und Nachteile.

Zu den Gewinner der Abwrackprämie mit den meisten Vorteilen gehörten, die Händler und Hersteller hinsichtlich der mehr Verkäufe von Neu- oder Jahreswagen und insbesondre von Kleinfahrzeugen.

Infolge der mehr Verkäufe kam es zu mehr Fahrzeugzulassungen und der Staat verdiente, durch die Kfz-Steuern, 19 % MwSt. vom Verkauf und Zulassungsgebühren automatisch mit.

Weitere Gewinner waren die Konsumenten. Mit der staatlichen Prämie und einer Vielzahl an Angeboten von den Händlern und Herstellern, wie z.B. Rabatte, Prämien und verschiedenen Finanzierungsmöglichkeiten, konnten Konsumenten bei der Anschaffung eines Neu- oder Jahreswagen sehr viel sparen.[46] Desweiteren gab es bis zum 30. Juni 2009 eine Steuerbefreiung beim Kauf eines Neu- oder Jahreswagen. Die Kfz-Steuer entfiel für ein Jahr. Für Fahrzeuge mit der Abgasnorm 05 oder 06, galt die Befreiung sogar bis Ende 2010.[47] Die meisten Vorteile zogen die Arbeitnehmer, deren Jobs dadurch gerettet wurden.

Die klaren Verlierer der Abwrackprämie sind in erster Linie die Gebrauchtwagenhändler. Viele günstige Gebrauchtwagen wurden (durch die Verschrottung) dem Markt entzogen, wodurch die Preise der Gebrauchtwagen stiegen und für den Konsumenten vergleichbar mit einem subventionierten Neu- oder Jahreswagen waren. Somit wurde der Handel mit Gebrauchtwagen extrem erschwerte. Folge dessen waren die Gebrauchtwagenhändler auf vielen

---

[45] vgl.: http://www.automobil-produktion.de/2010/07/kba-pkw-neuzulassungen-minus..., 05.12.2010
[46] vgl.: http://www.finanzhans.de/abwrackpramie-vor-und-nachteile-52.html, 10.12.2010
[47] vgl.: http://www.spiegel.de/auto/aktuell/0,1518,601260-7,00.html, 07.12.2010

Gebrauchtwagen sitzen geblieben oder machten minus Geschäfte, weil es beim Kauf eines Gebrauchtwagens keine Abwrackprämie gab.[48]

Außerdem zogen viele Konsumenten zukünftig geplante Autokäufe nach vorn, wodurch die Nachfrage nach Autos im nachfolgenden Jahr sank und somit viele potentielle Kunden fehlten. Dieses Konsumverhalten hatte auch negative Folgen für andere Wirtschaftszweige, weil die Privatverschuldungen aufgrund des übereilten Autokaufs zunahm und das Geld für andere Konsumgüter sowie Investitionen fehlten.

Ein weiterer negativer Aspekt war, dass nur ein bestimmter Teil der Industrie mit der staatlichen Prämie gefördert wurde, andere wichtige Industriezweige wie z. B. der Maschinenbau mussten ohne solche Förderungen zu recht kommen. Darüber hinaus war es umstritten, ob der Umweltschutz tatsächlich gefördert wurde, weil die Differenz des CO_2-Ausstoßes von Alt– und Neufahrzeugen nur geringfügig ist.[49]

Zu den negativsten Kriterien der Abwrackprämie zählt die massive Staatsverschuldung, die für die Finanzierung der Maßnahmen unumgänglich war. An dieser Verschuldung werden noch die zukünftigen Generationen zu knabbern haben.[50]

5.2.   Maßnahmen der Automobilhersteller

5.2.1 Forschung und Entwicklung in neue Antriebsmöglichkeiten und Technologie, besondere Prämien

Die Ursache für die schlechten Absatzzahlen war nicht nur die Finanzkrise. Eine Mitschuld trug auch die Automobilindustrie, die jahrelang die Anforderung der Konsumenten vernachlässigte und es so versäumte die Kunden auch in der Zukunft für sich zu gewinnen. Somit konnte die Umweltprämie allein die Krise nicht bewältigen.[51]

Um die Krise zu überwinden durften sich die Autohersteller nicht nur auf die Staatshilfe verlassen, sie mussten stattdessen den Fehler nicht zukunftsorientiert gearbeitet zu haben aufarbeiten und anfangen wieder Kunden für sich zu gewinnen. Dies taten die Hersteller indem sie sich auf Bereiche wie Forschung und Innovation

[48] vgl.: http://community.zeit.de/user/wolfgang63/beitrag/2009/05/02/abwrackprämie, 10.12.2010
[49] vgl.: http://www.finanzhans.de/abwrackpramie-vor-und-nachteile-52.html, 10.12.2010
[50] vgl.: http://community.zeit.de/user/wolfgang63/beitrag/2009/05/02/abwrackprämie, 10.12.2010
[51] vgl.: http://pressetext.de/news/090129007/horv-th--partners-automobilkrise-teilweise..., 11.12.2010

angefangen zu konzentrieren und in die Entwicklung neuer Motoren investieren. Dazu gehört auch die Konzentration auf umweltfreundlichere Fahrzeuge mit geringerem Verbrauch, Hubraum und CO_2-Schadstoffausstoß zum Schutz der Umwelt. Außerdem mussten die neuen Fahrzeuge höhere Verkehrssicherheitsanforderungen erfüllen. Ein weiterer Bereich mit Investitionsbedarf, war die Entwicklung neuer Technologien und Antriebsformen, wie z. B. Fahrzeuge mit Elektroantrieb, Wasserstofffahrzeuge (Hybrid) und Gasfahrzeuge (Erdgas und Autogas).[52]

Weiterhin warben die Autohersteller mit vielen verschiedenen Prämien bei Neukauf eines Neuwagens wie mit **„Herstellerprämien"** indem Hersteller, für den Kauf ihrer Automarke (z.b. VW-Volkswagen Prämie), Prämien vergaben.

Eine weitere Prämie war die **„Eroberungsprämie".** Der Neuwagenkäufer ist im (Vor-) Besitz eines PKW einer Fremdmarke – und erhält für den Überlauf zu eigenen Marke einen besonderen Preisnachlass.

„Junge Fahrer" war eine Prämie von VW die für alle Führerscheinanfänger im Privatkundensegment vergünstigte Konditionen erhielten.[53]

Abgesehen davon boten die Hersteller die **„Inzahlungnahme Prämie"** an. Hier erhielten die Kunden eine Prämie indem sie ihr altes Fahrzeug in Zahlung gaben und sich einen Neuwagen kauften.[54]

Audi bot eine **„Treue Prämie"** führ die Treuen Audi Fahrer an.[55]

„Umweltprämie plus" war eine zusätzliche Umweltprämie beim Kauf aller VW Neuwagen zu der Abwrackprämie dazu.[56]

Zusätzlich versuchten die Autohersteller einen erleichterten Zugang zu Finanzierungsmittel zu angemessen Kondition (geringere Zins für die Finanzierung oder Rattenkäufe) den Kunden zu gewähren. Damit die privaten Verbraucher die für den Kauf eines Neufahrzeuges die nötigen Kredite erhielten.[57]

---

[52] vgl.: http://europa.eu/legislation_summaries/internal_market/single_market_for..., 11.12.2010
[53] vgl.: http://www.kfzvermittlung24.com/herstellerprämien/, 12.12.2010
[54] vgl.: http://motorzeitung.de/nav/neuwagen-konfigurator/vw-inzahlungnahme-praemie..., 12.12.2010
[55] vgl.: http://motorzeitung.de/nav/neuwagen-konfigurator/neuwagenrabatt/, 12.12.2010
[56] vgl.: http://auto-presse.de/autonews.php?action=view&newsid=33826, 13.12.2010
[57] vgl.: http://europa.eu/legislation_summaries/internal_market/single_market_for..., 11.12.2010

5.2.2 Erschließung neuer Märkte in Drittländer

In Zeiten der Finanzkrise, in denen die Absatzzahlen sowie die Umsätze der Automobilverkäufe sehr gering sind, versuchen die Automobilhersteller neue Märkte in Drittländer zu erschließen. Dies wird immer lukrativer, da die Kaufkraft in den Schwellenländern ständig steigt und sich somit ganz neue Absatzmöglichkeiten für die Automobilindustrie ergeben. Zum Beispiel wuchs Indiens Wirtschaft im Krisenjahr 2008/2009 trotz einer Kreditklemme und Handelseinbrüchen um 6,7%.[58] Für den VW-Konzern z. B. ist China inzwischen der größte und wichtigste Absatzmarkt weltweit.

Das Volkswagen-Werk in Schanghai mit 25.000 Mitarbeiter und ca. 1 Million produzierten Fahrzeugen pro Jahr. Doch der Bedarf in China war nicht gestillt, daher entwickelte VW in den nächsten drei Jahren für 6 Milliarden Euro mehr als 20 neue Automodelle und baute vier neue Werke im Süden des Landes. Bis 2013 soll die Produktionskapazität auf 3 Millionen Autos im Jahr erweitert werden.[59]

Die Hersteller Renault und Nissan haben den Grundstein für ein neues Automobilwerk in Chennai, Haupstadt des indischen Bundesstaates Tamil Nadu gelegt. Es sollten jährlich 400.000 Fahrzeuge produziert werden die für den indischen Markt und für den Export bestimmt waren. Der Produktionsstart erfolgte 2010.[60]

Der Autohersteller BMW erweiterte seine Produktpalette für den Osteuropäischen Markt, auch Geländefahrzeuge wie der BMW X5 oder BMW X6 werden zukünftig in Kaliningrad (Königsberg/Russland) produziert. Damit sollen neue Marktsegmente im Inland geschafft werden und für den Export bestimmt.[61]

6   Fazit

Die Finanzkrise kam ohne Vorwarnung. Schnell erweiterte sie sich zur globalen Weltwirtschaftskrise, deren Ausmaße mit denen der Weltwirtschaftskrise der 30er Jahre durchaus vergleichbar sind.

---

[58] vgl.: http://www.frankfurt-main.ihk.de/international/auslandsmaerkte/laenderkontakte..., 17.12.2010
[59] vgl.: http://www.faz.net/s/RubD16E1F55D21144C4AE3F9DDF52B6E1D9/Doc~E574..., 17.12.2010
[60] vgl.: http://www.automotive.co.at/ireds-46004.html, 18.12.2010
[61] vgl.: http://www.spzeitung.ru/2009/08/avtotor-werk-in-kaliningrad-erweitert..., 18.12.2010

Der Hauptgrund für die rasche Ausweitung der Krise ist die Globalisierung mit den dazugehörigen verzweigten Wirtschaftsbeziehungen. Doch dies soll nicht heißen, dass die Welt einen Schritt zurück in Richtung Re-Nationalisierung von Warenströmen machen soll. Schließlich ist der steigende Wohlstand zum großen Teil dem internationalen Handel geschuldet.

Die Entstehung der Finanzkrise an sich ist der unstillbaren Gier der Banker zu verdanken, so heißt es wenigstens. Auch wenn es so tatsächlich ist, sollte die Gier nicht zu stark verurteilt werden, weil sie den Menschen anreize gibt mehr zu tun als der andere. So entsteht Wachstum was den Wohlstand bringt. Sie sollte nur besser kontrolliert werden damit sie nicht ausartet. Im Finanzsektor zum Beispiel durch bessere staatliche Kontrollinstrumente.

Die Automobilindustrie ist sehr stark von der Konjunkturlage abhängig, weil die Neuanschaffung eines Autos in der Regel nicht so Notwendig ist und lässt sich problemlos in die Zukunft verlegen. Somit litten die Automobilproduzenten sehr stark unter der Finanzkrise. Es kam zu Existenzängsten der Produzenten und der Zulieferbetriebe.

Der Politik war klar, dass die Pleite eines Automobilherstellers fatale Folgen für die Wirtschaft und enorme Kosten für die Staatskasse mit sich zieht. An der Stelle haben die Regierungen aus der Vergangenheit der 30er Jahre dazu gelernt und befolgten die Lehren von John Maynard Keynes, indem sie im Rahmen des "deficit spending" antizyklisch handelten und sehr viel Geld in den Wirtschaftskreislauf pumpten

Die Maßnahmen zeigten Erfolg. Besonders die Abwrackprämie war für die Automobilindustrie ein wahrer Segen. Ohne solche Maßnahmen wären die negativen Folgen der Finanzkrise für die Automobilbauer um einiges ausgeprägter gewesen.

Die Krise ist jedoch noch nicht vorbei. Der durch die Vorzieheffekte der Abwrackprämie ausgelöste Nachfragemangel auf dem Kleinwagensegment zum Beispiel, ist noch immer ein Problem für die Lieferanten. Der Premiumsegment läuft dafür langsam besser, ist aber noch lange nicht auf dem Vorkrisenniveau. Überhaupt, war der Finanzmittelbedorf für die Unterstützung seitens des Staates so hoch, dass die damals gemachten Schulden noch von den zukünftigen Generationen abbezahlt werden müssen. Somit bleibt die Krise für die nächsten Jahren in den Köpfen der Menschen.

Quellenverzeichnis

bundestag.de – Das Parlament (Nr. 20 - 11.05.2009): Finanz- und Wirtschaftskrise
URL: http://www.bundestag.de/dasparlament/2009/20/Beilage/000.html -
vom 27.01.2011
-------- Das Parlament (Nr. 20 - 11.05.2009): Finanz- und Wirtschaftskrise
URL: http://www.bundestag.de/dasparlament/2009/20/Beilage/001.html -
vom 27.01.2011

bundesfinanzministerium.de – Monatsbericht (Aug. 2009): Die Wirtschafts- und
Finanzkrise – Konjunktur- und strukturpolitische Antworten ausgewählter
Volkswirtschaften.
URL:http://www.bundesfinanzministerium.de/nn_84204/DE/BMF___Startseite/A
ktuelles/Monatsbericht___des___BMF/2009/08/analysen-und-berichte/b06-
finanzkrise-antworten/finanzkrise-antworten.html#initiiert - vom 24.11.2010
-------- Monatsbericht (Feb. 2009): Konjunkturenentwicklung aus finanzpolitischer
Sicht.
URL:http://www.bundesfinanzministerium.de/DE/BMF___Startseite/Aktuelles/M
onatsbericht___des___BMF/2009/02/uebersichten-und-termine/ut4-
konjunkturentwicklung/node.html?___nnn=true - vom 23.11.2010

bungesregierung.de – E-Magazine (Nr. 51 – 10/2007): Automobilindustrie –
innovativ und wachstumsfreudig.
URL:http://www.bundesregierung.de/Content/DE/Magazine/emags/economy/0
51/Medien/e-conomy-51,property=publicationFile.pdf - vom 30.11.2010
-------- (11.02.2009): Mit Kurzarbeit die Krise meistern.
URL:http://www.bundesregierung.de/nn_774/Content/DE/Artikel/2009/02/2009
-02-11-kurzarbeit-sichert-arbeitsplaetze.html - vom 23.11.2010
-------- (08.09.2009): Kurzarbeit sichert Arbeitslätze.
URL:http://www.bundesregierung.de/nn_774/Content/DE/Artikel/2009/08/2009
-08-06-kurzarbeit.html - vom 23.11.2010
-------- (25.11.2009): Kurzarbeit schafft weiter Perspektiven für Arbeit.
URL:http://www.bundesregierung.de/nn_774/Content/DE/Artikel/2009/11/2009
-11-25-verlanegerung-schafft-perspektiven-fuer-arbeit.html - vom 25.11.2010

stern.de – Wirtschaft (18.11.2010): GM feiert Comeback.
URL: http://www.stern.de/wirtschaft/news/boersengang-general-motors-feiert-comeback-1625121.html - vom 16.12.2010

focus.de – Magazin (Nr. 44 - 27.10.2008): Hat die Börse Recht?
URL: http://www.focus.de/finanzen/boerse/finanzkrise/finanzkrise-hat-die-boerse-recht_aid_343811.html - vom 24.11.2010

-------- Absatzzahlen (05.01.2009): Horrorjahr für Autobauer endet dramatisch.
URL: http://www.focus.de/finanzen/boerse/finanzkrise/absatzzahlen-horrorjahr-fuer-autobauer-endet-dramatisch_aid_359825.html - vom 07.12.2010

-------- Pkw (23.04.2009): erster Produktionsrückgang seit zehn Jahren.
URL: http://www.focus.de/auto/news/pkw-erster-produktionsrueckgang-seit-zehn-jahren_aid_392775.html - vom 17.12.2010

-------- Autokrise (03.03.2009): Toyota bettelt de Staat an.
URL: http://www.focus.de/finanzen/boerse/finanzkrise/autokrise-toyota-bettelt-den-staat-an_aid_376516.html - vom 17.12.2010

-------- Auto (17.02.2009): Kurzarbeit und Ferien – Autobranche in der Krise.
URL: http://www.focus.de/finanzen/news/auto-kurzarbeit-und-ferien-autobranche-in-der-krise_aid_371922.html - vom 26.10.2010

-------- Abwrackprämie (01.04.2009): Werkstätten und Gebrauchtwagenhändler leiden.
URL:http://www.focus.de/auto/neuheiten/abwrackpraemie/abwrackpraemie-werkstaetten-und-gebrauchtwagenhaendler-leiden_aid_386343.html - vom 03.12.2010

spiegel.de – (13.10.2008): Wie es zur Finanzkrise kam.
URL: http://www.spiegel.de/fotostrecke/fotostrecke-36029.html - vom 24.11.2010

-------- (20.01.2009): Krise der Autoindustrie.
URL: http://www.spiegel.de/wirtschaft/0,1518,602432,00.html - vom 09.12.2010

-------- (26.02.2009): Krise der Autoindustrie.
URL: http://www.spiegel.de/wirtschaft/0,1518,610143,00.html - vom 09.12.2010

-------- (14.01.2009): Abwrackprämie.

URL: http://www.spiegel.de/auto/aktuell/0,1518,601260-7,00.html -
vom 07.12.2010

manager-magazin.de – Pkw-Absatz (07.08.2009): Rückschlag im Juli.

URL: http://www.manager-
magazin.de/unternehmen/artikel/0,2828,641118,00.html - vom 05.12.2010

daimler.com – Magazin (2007): Nachhaltigkeit.

URL:http://www.daimler.com/Projects/c2c/channel/documents/1688163_daiml
er_sust_2007_reports_nachhaltigkeitsbericht2007magazin_de.pdf -
vom 30.11.2010

wiwo.de – Absatzeinbruch (08.10.2008): Autoindustrie von Finanzkrise hart
getroffen.

URL: http://www.wiwo.de/unternehmen-maerkte/autoindustrie-von-finanzkrise-
hart-getroffen-373760/ - vom 04.12.2010

tvo.de – (25.01.2010): Kurzarbeit verhindert Beschäftigungsabbau.

URL:http://tvo.de/default.aspx?ID=1059&showNews=631597&showArchiv=1&
aktMonat=1&aktJahr=2010&aktWoche=4 - vom 25.10.2010

abwrackpraemie-verschrottungspraemie.de – (15.06.2009): Was ist die
Abwrackprämie.

URL: http://www.abwrackpraemie-verschrottungspraemie.de/abwrackpraemie-
verschrottungspraemie.html - vom 28.10.2010

-------- (15.06.2009): Voraussetzungen zur Abwrackprämie.

URL: http://www.abwrackpraemie-
verschrottungspraemie.de/voraussetzungen-zur-abwrackpraemie.html -
vom 29.11.2010

-------- (11.07.2009): Die Umweltprämie, der Film.

URL: http://www.abwrackpraemie-verschrottungspraemie.de/abwrackpraemie-
verschrottungspraemie.html - vom 29.11.2010

24

struktur-management-partner.com – (Aug. 2009): Abwrackprämie in wichtigen Märkten.
URL: http://www.struktur-management-partner.com/downloads/de/Automobilindustrie.pdf - vom 28.10.2010

automobil-produktion.de – KBA (07.07.2010): Pkw-Neuzulassungen -29 Prozent.
URL: http://www.automobil-produktion.de/2010/07/kba-pkw-neuzulassungen-minus-29-prozent/ - vom 05.12.2010

finanzhaus.de – (28.01.2010): Abwrackprämie Vor und Nachteile.
URL: http://www.finanzhans.de/abwrackpramie-vor-und-nachteile-52.html - vom 10.12.2010

pressetext.de – (29.01.2009): Automobilkrise teilweise Hausgemacht.
URL: http://pressetext.de/news/090129007/horv-th--partners-automobilkrise-teilweise-hausgemacht/ - vom 11.12.2010

frankfurter-main.ihk.de – IHK (Jun. 2010): Die Krise abgeschüttelt.
URL: http://www.frankfurt-main.ihk.de/international/auslandsmaerkte/laenderkontakte/g-k/indien/krise-abgeschuettelt/ - vom 17.12.2010

automotrive.de – (10.06.2008): Renault und Nissan legen Grundstein für neues Werk in Indien.
URL: http://www.automotive.co.at/ireds-46004.html - vom 18.12.2010

europa.eu – (18.06.2009): Maßnahmen zur Bewältigung der Krise.
URL:http://europa.eu/legislation_summaries/internal_market/single_market_fo r_goods/motor_vehicles/interactions_industry_policies/mi0014_de.htm - vom 11.12.2010

auto-presse.de – (31.01.2009): Umweltprämie.
URL: http://auto-presse.de/autonews.php?action=view&newsid=33826 - vom 13.12.2010

kfzvermittlung24.com – Herstellerprämien.

URL: http://www.kfzvermittlung24.com/herstellerprämien/ - vom 12.12.2010

motorzeitung.de – Inzahlungnahme-Prämie.

URL: http://motorzeitung.de/nav/neuwagen-konfigurator/vw-inzahlungnahme-praemie-eroberungspraemie/ - vom 12.12.2010

-------- Neuwagenrabatt.

URL: http://motorzeitung.de/nav/neuwagen-konfigurator/neuwagenrabatt/ - vom 13.12.2010

Literaturquellen

welt.de – Nachrichten (21.11.2007): Immobilienkredite in Schieflage

URL:http://www.welt.de/welt_print/article1383987/Immobilienkredite_in_Schieflage.html - vom 24.11.2010

-------- Nachrichten (18.07.2007): Auto-Nation Deutschland verliert an Bedeutung.

URL:http://www.welt.de/wirtschaft/article1034916/Auto_Nation_Deutschland_verliert_an_Bedeutung.html - vom 30.11.2010

-------- Nachrichten (16.01.2009): Autoabsatz in den USA stürzt aus 27-Jahres-Tiefe.

URL: http://www.welt.de/wirtschaft/article3035548/Autoabsatz-in-den-USA-stuerzt-auf-27-Jahres-Tief.html - vom 05.12.2010

-------- Nachrichten (10.07.2009): GM ist nun weitgehend verstaatlicht.

URL: http://www.welt.de/wirtschaft/article4096853/General-Motors-ist-nun-weitgehend-verstaatlicht.html - vom 15.12.2010

-------- Nachrichten (08.05.2009): Toyotas Erfolgsgeschichte erhält einen Dämpfer.

URL: http://www.welt.de/wirtschaft/article3702170/Toyotas-Erfolgsgeschichte-erhaelt-einen-Daempfer.html - vom 17.12.2010

zeit.de – Folgen der Finanzkrise (04.05.2009): VW-Höhenflug rettet DAX.

URL: http://www.zeit.de/online/2008/44/boersen-talfahrt - vom 15.12.2010

-------- (02.05.2009): Abwrackprämie.

URL:http://community.zeit.de/user/wolfgang63/beitrag/2009/05/02/abwrackprämie - vom 10.12.2010

sueddeutsche.de – Newsticker (29.11.2010): GM Weltrekord einer Pleitefirma.
URL: http://newsticker.sueddeutsche.de/list/id/1075404 - vom 16.12.2010

faz.net – Finanzen (15.09.2008): Lehman Brothers beantragt Gläubigerschutz.
URL:http://www.faz.net/s/Rub4B891837ECD14082816D9E088A2D7CB4/Doc
~EB7CE225A5C2741A183D2A93266B88CD9~ATpl~Ecommon~Scontent.htm
l - vom 24.11.2010

-------- Hintergründe (14.11.2008): Automarkt in Europa bricht abermals ein.
URL:http://www.faz.net/IN/INtemplates/faznet/default.asp?tpl=common/zwisch
enseite.asp&dox=%7B29639D44-8F54-593E-FA69-
9EDE1B632FA8%7D&rub=%7BEC1ACFE1-EE27-4C81-BCD3-
621EF555C83C%7D - vom 04.12.2010

-------- Hintergründe (15.07.2009): Wie die Abwrackprämie Europas Pkw-Markt stützt.
URL:http://www.faz.net/IN/INtemplates/faznet/default.asp?tpl=common/zwisch
enseite.asp&dox=%7BB3551CBA-EBB7-04E9-BD2F-
EBE3200839D4%7D&rub=%7BEC1ACFE1-EE27-4C81-BCD3-
621EF555C83C%7D - vom 05.12.2010

-------- Unternehmen (23.10.2008): VW kündigt harte Einschnitte an.
URL:http://www.faz.net/IN/INtemplates/faznet/default.asp?tpl=common/zwisch
enseite.asp&dox=%7B618F2850-C7E2-0BCE-EC71-
B635DB367A87%7D&rub=%7BD16E1F55-D211-44C4-AE3F-
9DDF52B6E1D9%7D - vom 07.12.2010

-------- Opel (05.11.2009): Die Politisierung ist gescheitert.
URL:http://www.faz.net/IN/INtemplates/faznet/default.asp?tpl=common/zwisch
enseite.asp&dox=%7B906B30B3-2546-A02F-875E-
3C3CAC8CFE2D%7D&rub=%7BCE844206-AD55-4395-9580-
E21EDC440854%7D - vom 15.12.2010

-------- Unternehmen (17.06.2010): Die größte Autofabrik der Welt.
URL:http://www.faz.net/s/RubD16E1F55D21144C4AE3F9DDF52B6E1D9/Doc
~E574DE13E74E743969640342F49E24270~ATpl~Ecommon~Scontent.html -
vom 15.12.2010

netzzeitung.de – (08.05.2009): IG Metall feiert die Abwrackprämie.
URL: http://www.netzeitung.de/arbeitundberuf/1350239.html - vom 29.11.2010

spzeitung.ru – (27.08.2009): Werk in Kaliningrad erweitert ihre Produktplatte.
URL: http://www.spzeitung.ru/2009/08/avtotor-werk-in-kaliningrad-erweitert-produktpalette-um-bmw-x5-und-x6/ - vom 18.12.2010